THE BOOK OF PEACE

MOTHER TERESA

COMPILED BY LUCINDA VARDEY

マザー・テレサ
愛のことば、祈りのことば

日本語版序文 シリル・ヴェリヤトSJ

編 ルシンダ・ヴァーディ／訳 清水紀子

MP
Metropolitan
Press

マザー・テレサ　愛のことば、祈りのことば

装丁　坂川栄治＋坂川朱音（坂川事務所）

沈黙の実りは祈り
祈りの実りは信仰
信仰の実りは愛
愛の実りは奉仕
奉仕の実りは平和

日本語版序文

二〇一〇年はマザー・テレサの生誕一〇〇周年にあたります。没後十二年がたった今でも、彼女が世界中の人々にとってもっとも重要な人物のひとりであり、忘れられない存在であることには変わりありません。

生前マザー・テレサは六十八年もの間、わたしの母国インドでくらし、貧しい人たちや病気や瀕死の人たちのために活動してきました。周りにいる人たちすべてに、分け隔てなく愛を捧げたのです。だから彼女がこの世を去ったとき、盛大な国葬を行い、インドの人々はマザー・テレサに対して心からの感謝と敬愛を示しました。あのような立派な葬儀はマハトマ・ガンディーの国葬以来です。そして今も、インドの人々はマハトマ・ガンディーと同様に、マザー・テレサを尊敬しています。マザー・テレサはキリスト教徒には偉大な聖者のひとりとみなされていますが、ヒンズー教徒は、人々をわが子のように愛したマザー・テレサを、母なる女神のように思っているのです。

このたび、株式会社メトロポリタン・プレスが本書を出版することとなり、清水紀子先生が原書から美しい日本語に翻訳されたことをたいへんうれしく思います。小さな本ですが、ここに書かれた言葉と祈りを通じて、偉大なるマザー・テレサの魂を垣間見ることができるでしょう。そこには、神を愛し、すべての人々を愛するという、わたしたちの進むべき道が示されています。

人間が神の似姿として造られたと信じていたマザー・テレサは、人を見るときはいつも、その人に神の姿を見ていることを忘れてはならないと言っていました。また、世界にはパンに飢えている人たちより、もっとたくさんの人たちが愛や尊厳に飢えているとも言っています。わたしたちはふつう、お金がなくて、服や食べ物が買えなかったり、家がないことを「貧しい」と言います。しかし、マザー・テレサにとって、本当の貧しさとは、だれからも求められていない、愛されていないと感じることだったのです。

本書の中で、マザー・テレサは、神は唯一の存在であり、神の御前《みまえ》ではだれもが平等であると語っています。そして「ヒンズー教徒はより良いヒンズー教徒に、イスラム教徒はより良いイスラム教徒に、カトリック教徒はより良いカトリック教徒になるよう、わたしたちは力を貸すべきである」と。宗教間の対立が深刻な問題になっている今日、このようなマザー・テレサの言葉は、わたしたちにきっと、より良い世界を築くための大きな指針を与えてくれるものとなるでしょう。

二〇〇九年十二月

上智大学外国語学部教授
シリル・ヴェリヤト SJ

目次

はじめに

たいへん幸運なことに、わたしはこれまでに何度か、マザー・テレサにお目にかかる機会に恵まれました。いつお会いしても、彼女の神に対する深い愛情と平和を切望する心に強い感銘を受けました。実際、平和を実現しようとする強い意思こそがマザー・テレサの最大の魅力であり、多くの人の心が引きつけられる理由なのです。しかし、もしマザー・テレサ本人にそのようなことを言ったら、彼女は、平和を実現するための力は自分のものではなく、神から来ていると答えるにちがいありません。本書は読者のみなさんをマザー・テレサが歩んだ平和への道へ誘《いざな》ってくれることでしょう。わたしたちが同じ道を見つけることは、彼女自身が望んでいることでもあるのです。

本当に大切なことがなおざりにされている時代にあって、わたしたちは、神を信仰することの重要性を思い出し、信仰から得る喜びを実感する必要があります。それはとてもシンプルなメッセージです。しかし多くの人々がなかなかそれに耳を傾けようとはしません。現代社会のストレスに押しやられ、信仰はないがしろにされています。けれども、わたしたちにいろいろな困難を克服する力を与えてくれるのは、信仰なのです。神の愛は持続するものだからです。信仰を通して、わたしたちは困難と戦い、苦しい思いをしているのは自分ひとりではないことを知るのです。

マザー・テレサはおよそ五十年間、貧しい人たちの中のもっとも貧しい人々のために自らの人生を捧げてきました。コルカタ（訳者注：インド、西ベンガル州の州都。以前は「カルカッタ」と呼ばれていた）のスラムで、彼女はいかにして神の愛が人の生き方を変えるかを目撃してきたのです。普通の人なら、彼らの苦しみばかりに目が奪われてしまいます。しかしマザー・テレサはそこに、人としての尊厳を見ているのです。実際、何にとらわれることもなく神の平和をもっともよく探し求めることができるのは、世俗的な問題で心身ともに疲れきっていない貧しい人たちであると言えるのかもしれません。

だれでもこの平和をともに享受する機会が与えられています。不安に満ちたせわしい世の中に慣れてしまっている人たちには、最初は難しく思えるかもしれません。しかし本書がわたしたちを導いてくれるでしょう。信仰への道は沈黙と祈りから始まります。祈りはわたしたちの心から世俗的な雑念を取り払い、神がつねにわたしたちとともにあるということを思い出させてくれます。祈りを通じて、ひとたび神の愛を受け入れることができれば、今度は奉仕を通じて、その神の愛を他の人たちと分かち合うことができるのです。

といっても、わたしたちすべてが必ずしも、マザー・テレサや「神の愛の宣教者会」のように特別な奉仕活動をする必要はありません。日々の生活の中で、人のためになることをすればいいのです。マザー・テレサがおっしゃるように、どれだけたくさんのことをするかが問題なのではなく、どれだけ愛をこめてするかということが一番大切なことなのです。愛をこめて行われる小さな活動こそが、わたしたちを平和に導いてくれるでしょう。

この本の美しいメッセージは、カトリック教徒だけではなく、あらゆる信仰を持つ人たちに対して向けられたものです。ここに書かれているのは、人種や文化、宗教の違いも超越した、シンプルな真実なのです。そのメッセージはわたしたちみなを平和への道へ導いてくれることでしょう。

本書を読んだみなさんが、祈りの中で神に心をひらき、神の平和に迎えられますように。

フィラデルフィア大司教　アンソニー・ベヴィラクア枢機卿

第1章

沈黙の実りは祈り

わたしはいつも沈黙《ちんもく》の中で祈りを始めます。神が語り出すのは心が静まっているときだからです。神は沈黙の友――わたしたちは神の声に耳を傾ける必要があります。なぜなら本当に大切なのは、わたしたちが話すことではなく、神がわたしたちに言われること、わたしたちを通して語ることだからです。祈りは魂を養います。血が体の中を流れるのと同じように、祈りは魂の中を流れるのです。そして人は祈ることで神に近づきます。祈ることであなたの心は清らかで純粋になります。清らかな心を持つようになれば、神を見ることができるし、神と話し、他の人の中に神の愛が見えるようになるでしょう。

もし、あなたが神を探し求めていて、でも何から始めたらいいのかわからないなら、祈り方を学びなさい。毎日、労を惜しまず祈ることです。いつでも、どこでも祈ることはできます。仕事中でもです――祈りのために仕事を中断することはないし、仕事のために祈りをやめる必要もありません。神に語りかけ、何でも話すのです。神はわたしたちの御父《おんちち》です。どんな宗教を信仰していようとも、神はわたしたちすべての御父なのです。わたしたちはみな、神によって造られました。わたしたちは神の子です。神を信頼し、神を愛し、神の言葉を信じ、神のために働かなければなりません。わたしたちが求めている答えはすべて、祈ることで得られます。

もし、祈らなければ、わたしは三十分でさえも働くことができないでしょう。わたしは祈りを通じて、神から力をもらっているのです。

一日を祈りで始め、祈りで終えてください。子どものようになって、神のところへ行きなさい。どうしても祈ることができない人は、こんなふうに言ってみればいいのです。「聖霊よ、来てください。わたしが祈れるよう、わたしを導き、わたしを守り、わたしの心から雑念を払ってください」と。祈るときには、神の恵みに感謝してください。すべてのものは神のものであり、神の賜物《たまもの》だからです。あなたの魂も神から授かったものです。あなたがキリスト教徒なら、「主の祈り」を唱えてください。カトリックなら「主の祈り」でも、「天使祝詞」でも、「ロザリオの祈り」でも、「使徒信経」でも——ごく一般的な祈りでかまいません。もし、あなたやあなたの家族が他の宗教を信仰しているのなら、それにしたがって祈ればいいのです。

❦

毎晩、就寝前に、自分の良心を見つめ直さなければなりません。（なぜこれを夜にするかというと、翌朝を迎えられるかどうか、わからないからです！）何かトラブルがあったり、間違ったことをしてしまったのなら、それを正さなくてはなりません。神は慈《いつく》しみ深いということを忘れないでください。神はわたしたちみなにとって慈しみ深い御父なのです。わたしたちは神の子です。わたしたちが悔い改めることを忘れさえしなければ、神はわたしたちをゆるし、その罪を忘れてくれるでしょう。

家庭を愛で満たしなさい

祈りは子どもたちと家族に必要なものです。愛は家庭から始まります。だから家族のみなでいっしょに祈ることが大切なのです。家族がともに祈れば、いっしょにいることができるでしょう。そして神がわたしたちひとりひとりを愛するように、家族がおたがいに愛し合うことができるのです。

聖家族の祈り

天におられる父よ、あなたはナザレの聖家族を人生の模範としてわたしたちに与えてくださいました。おお愛する父よ、わたしたちの家族がナザレの聖家族のように、愛と平和と喜びに満ちた家族になりますよう、どうぞ力をお貸しください。

深く瞑想し、心から感謝して、喜びに満ち生き生きとしていられますように。

喜びのときも悲しみのときも、家族がともに祈ることでいっしょにいられますよう、力をお貸しください。

家族の中にイエスが見えるよう、とりわけ家族が苦しみ悩んでいるときにイエスの姿が見えるようお教えください。

感謝に満ちたイエスの聖心《みこころ》がわたしたちの心をイエスのように従順で、

つつましくしてくださるように。そして家族の義務を聖家族のように果たすことができますように、力をお貸しください。

神がわたしたちひとりひとりを愛するように、わたしたちも日ごとにより深く愛することができますように。そして神がわたしたちの罪をゆるしてくださるように、わたしたち家族もおたがいの過ちをゆるし合うことができますように。

おお愛する父よ、あなたが与えてくださったものは何でも受け取り、あなたが笑顔で受け取ってくださるものは何でも捧げることができますよう、力をお貸しください。

聖母マリアのけがれなき聖心《みこころ》よ、わたしたちの喜びの源よ、わたしたちのためにお祈りください。

聖ヨセフよ、わたしたちのためにお祈りください。

聖なる守護天使たちよ、いつもわたしたちとともにあり、導き、お守りください。

アーメン

おたがいの関係に悩む夫婦にどんなアドバイスをしたらよいかとたずねられると、わたしはいつもこう答えます。「祈り、ゆるすことです」また、家庭内暴力を受けた若者たちにもこう言います。「祈り、ゆるすことです」家族から何の支援も得られないシングルマザーにもこう言います。「祈り、ゆるすことです」こんなふうに祈ればいいのです。

「主よ、あなたを愛しています。神よ、申し訳ありません。神よ、あなたを信じます。神よ、あなたを信頼しています。あなたがわたしたちを愛してくださるように、わたしたちもおたがい愛し合えるよう、力をお貸しください」

神は沈黙の友

わたしたちはみな、自らを振り返り、祈るために、静かな時間を持たなければなりません。

神はどこでも、どんなものの中にも存在します。そして、わたしたちはみな神の子です。神の名において集うことで、わたしたちは力をもらっているのです。

毎日祈りなさい

一日に何度も、祈りが必要だと感じてください。そして、労を惜しまず祈ってください。祈ることで、神ご自身を賜物《たまもの》として心に抱けるほど、心が大きくなります。たずね、求めなさい。そうすれば、あなたの心は神を受け入れられるほど大きく成長し、神を自分自身のものとして心に抱きつづけることができるようになるでしょう。

わたしたちすべてを、イエスというぶどうの木の、誠実で実り豊かな枝にしてください。
イエスをわたしたちの人生の中に受け入れることで、わたしたちの家族の中に、わたしたちの隣人の中に、イエスが来てくださいますように。

語られる――真実として
生きる――生命《いのち》として
ともされる――光として
愛される――愛として
歩まれる――道として
与えられる――喜びとして
広がる――平和として
捧げられる――犠牲として

おおイエスよ、わたしをお救いください
愛されたいという欲望から
ほめられたいという欲望から
名誉を得たいという欲望から
称賛されたいという欲望から
好かれたいという欲望から
意見を求められたいという欲望から
認められたいという欲望から
人気者になりたいという欲望から
恥をかくという恐れから
軽蔑されるという恐れから
非難されるという恐れから

中傷されるという恐れから
忘れられるという恐れから
不当に扱われるという恐れから
嘲笑されるという恐れから
疑われるという恐れから

第2章

祈りの実りは信仰

神はどこでも、どんなものの中にも存在します。神がいなければ、わたしたちは存在することができません。

とてもたくさんの宗教があり、それぞれが異なるやり方で神にしたがっています。

わたしはキリストにしたがっています。

イエスはわたしの神
イエスはわたしの伴侶
イエスはわたしの命
イエスはわたしのたったひとつの愛
イエスはわたしの最愛の人
イエスはわたしのすべて

だから、わたしはまったく恐れていません。

神が与えてくれるものは何でも受け取りなさい。そして神が笑顔で受け取ってくれるものは何でも捧げるのです。神の賜物《たまもの》を受け取り、深く感謝しましょう。もし、神があなたに大きな富を与えたのならば、それを有効に使ってください。その富を他の人たちと、何も持っていない人たちと分け合ってください。つねに他の人たちと分かち合うことです。

わたしたちはみな、善人にも、悪人にもなる可能性があります。しかし、生まれつきの悪人はいません。だれもが心の中に何かしら良いものを持っています。それを隠している人もいれば、無視している人もいるかもしれません。でも、必ずそれはあるのです。神はわたしたちを、愛し、愛されるものに造られました。善の道を行くか、悪の道を歩むかは、神から与えられたテストなのです。

わたしたちを破滅させるいかなる誘惑も避けるべきです。その誘惑に勝つ強さは祈りから得ることができます。祈ることによって神に近づけば、周りの人たちみなに喜びと愛を広められるからです。

キリストの愛はいつも、この世のどんな悪よりも強い。わたしたちはそのように愛し、愛される必要があります。とてもシンプルなことなのです。

あらゆる命は神にとってかけがえのないもの

どの子どもの目の中にも神が見えます……たとえどんな環境に置かれていようとも、あらゆる命が神にとってかけがえのないものなのです。

❦

神は唯一の存在であり、すべての人にとっての神です。ですから、神の御前《みまえ》ではだれもが平等であるということはとても大事なことです。わたしはこれまでつねに言ってきました。ヒンズー教徒はより良いヒンズー教徒に、イスラム教徒はより良いイスラム教徒に、カトリック教徒はより良いカトリック教徒になるよう、わたしたちは力を貸すべきであると。

神にとっては、あらゆることがとてもシンプルなのです——わたしたちに向けられる神の愛は、いずれは終息するどんな争いより、ずっと大きなものであるということ。

信仰は神の賜物《たまもの》

わたしたちが信仰の中で成長することは、神の御旨《みむね》です。

精神的な成長の一環として、自分自身を知るということは重要です——自分自身を知り、信じるとは、神を知り、信じられるということなのです。自分自身を知ることで謙遜が生まれ、神を知ることで愛が生まれます。

自滅の木
その枝にあるのは、空虚感、疎外感、無関心、人間関係のいざこざ、
犯罪、依存症、アルコール依存症、薬物依存
その根にあるのは、恐れ、不安、怒り、嫉妬、不信、敵意、罪悪感、
自己《じこ》憐憫《れんびん》

自己認識の木
その枝にあるのは、生きがい、健康、喜び、やる気、満足、寛容さ、
実行力、創造力
その根にあるのは、慈愛、友愛、ゆるし、愛、感謝、親切、温かさ、
信頼

わたしは天国へ向かっている

すべては神によって決められています。人がいつ生まれて、いつ死ぬかということも、神が決めているのです。わたしたちは神を信仰し、神に召されている仕事を死ぬまでにしなければなりません。

❦

だれでも天国に行くことができます。天国はわたしたちのふるさと。死ぬことは終わりではなく、まさに始まりなのです。死は人生の延長です。これは命が永遠であることを意味しています。つまり、天国へ行くということは、わたしたちの魂が神のもとへ行くということなのです。

そこで神の御前《みまえ》に出て、神を見、神と話し、より大きな愛で神を愛しつづけるのです。死によって失われるのは肉体だけ――わたしたちの心と魂は永遠に生きつづけます。

昨日は過ぎ去りました。明日はまだ来ていません。だから、わたしたちは毎日、今日が最後の日であるかもしれないと思いながら生きるべきなのです。そうして、清らかな心で死ねるよう準備がととのったとき、わたしたちは神に召されるのです。

第3章

信仰の実りは愛

世の中には一切れのパンがなくて死んでしまう人たちがたくさんいます。けれども、ほんのわずかな愛が得られないために死んでしまう人はもっと多くいます。愛に飢えている、神に飢えているのです。

神にどれだけ愛されているかを知れば、その愛を放ちながら生きていくことができます。

以下の祈りは、「神の愛の宣教者会」のみなが仕事に行く前に唱えているものです。コルカタの「死を待つ人の家」や「孤児の家」の医師たちも、この祈りを唱えています。

主よ、偉大なる癒し手よ。わたしはあなたの御前《みまえ》にひざまずきます。

すべてのすばらしい才能は、あなたから授かるにちがいないからです。わたしは祈ります。わたしの手に技術を、わたしの頭に明確なビジョンを、わたしの心に親切さと従順さをお与えください。わたしに、目的に向かうひたむきさと、苦しんでいる人たちの重荷の一部だけでも担《にな》う力と、自分に与えられた恩恵を真に悟る力をお与えください。子どものようにシンプルな信仰心で、あなたに身をゆだねることができるよう、わたしの心から、ずるさや世俗的な雑念をすべて取り払ってください。

愛は恩着せがましいものではありません。そして慈善《チャリティー》とは、気の毒に思うことではなく、愛のことなのです。慈善《チャリティー》と愛は同じ——慈善《チャリティー》を行うことで、あなたは愛を与えるのです。ただお金を出せばいいというものではありません。手を差し伸べてください。

愛は分かち合わなければ、何の意味もありません。愛は行動に移されるべきものです。見返りを期待せずに愛さなければなりません。愛そのもののために何かをするべきで、何かを得るためにするのではありません。見返りを期待するなら、それはもう愛ではないのです。本当の愛とは、無条件で、何も期待せずに愛するということだからです。

❦

貧しい人たちは食べ物に飢えているだけではなく、人間として認められることにも飢えています。尊厳に飢え、わたしたちと同じように扱われることに飢えています。わたしたちの愛に飢えているのです。

❦

あらゆる愛の行いは祈りである

大切なのは、どれだけたくさんのことをするかではなく、どれだけ愛をこめてするか、どれだけの愛情をもって他人と分かち合えるかなのです。人を裁かないでください。人を裁いてしまうと、愛を与えていることにはならないからです。

わたしたちは愛の中で成長しなければなりません。そのためには、自分が傷つくまで愛しつづけ、与えつづけなければなりません――イエスがしたように。自分の損失を顧みず、与えなくてはなりません。自己犠牲を払うからこそ、あなたの行いは神の御前《みまえ》で価値ある捧げ物になるのです。どんな犠牲的行為も、愛から行われたものであれば意味があります。

このように傷つくまで与えること——この犠牲的行為、すなわち捧げ物——のことを、わたしは「愛の行い」と呼んでいます。わたしはこのような愛を毎日見ています——男性にも、女性にも、そして子どもたちの中にも。

自分自身が貧しくなることで、傷つくまで愛することで、わたしたちはもっと深く、もっと美しく、もっと完全に愛することができるようになるのです。

わたしたちは苦難も喜んで受け入れなければなりません。質素な生活でも、明るく信頼する気持ちを忘れてはいけません。そして貧しい人たちのうちでももっとも貧しい人々の中にいるイエスに明るい気持ちで仕えなくてはなりません。神は明るく与える者を愛するのです。もし、あなたが神に対して、つねに「はい」と言う心の準備ができているなら、自然とすべてのものに微笑むことができるようになり、神の恵みを受け、傷つくまで与えることができるようになるでしょう。

初期のキリスト教徒たちの合言葉は「喜び」でした。だから、わたしたちも喜んで主に仕えましょう。喜びは愛、喜びは祈り、喜びは力です。神は喜んで与える者を愛します。もし、あなたが喜んで与えるなら、つねにもっとたくさんのものを与えるようになるでしょう。喜びに満ちた心は、愛に燃える心によってもたらされます。

愛の仕事はつねに、喜びに満ちた仕事です。幸せを探し求める必要はありません。人に対して愛を抱けば、幸せは与えられるものだからです。幸せは神の賜物《たまもの》です。

第4章

愛の実りは奉仕

祈りを行為にしたものが愛であり、
愛を行為にしたものが奉仕である。

コルカタにある「孤児の家」の壁には、こんな言葉がかけられています。

考える時間を持ちなさい
祈る時間を持ちなさい
笑う時間を持ちなさい
それは力の源
それは地球上でもっとも大きな力
それは魂の音楽
遊ぶ時間を持ちなさい

愛し、愛される時間を持ちなさい
与える時間を持ちなさい
それは永遠の若さの秘密
それは神から授かった恵み
自分のことばかり考えていると、一日は瞬《また》く間に終わってしまう
読書の時間を持ちなさい
親しくなるための時間を持ちなさい
働く時間を持ちなさい
それは知恵の泉
それは幸せへの道
それは成功の代価
慈善《チャリティー》を行う時間を持ちなさい
それは天国への鍵

わたしたちはみな神の子です。だから神の賜物《たまもの》をみんなで分かち合うことは大切なことです。どうして世界にはさまざまな問題が存在するのかと思い悩むのはやめて——ただひたすら、人々の求めに応じて行動すればいいのです。

愛の仕事をすることはいつも、神へ近づく方法です。

わたしたちの仕事はつづきます。貧困の問題が解決されないかぎり、わたしたちの仕事は終わりません。しかし貧しい人たちに手を差し伸べることで、だれでもすばらしいことを神のためにすることができるのです。わたしは、愛の仕事をしたいと望んでいる、神の愛に満たされた人たちだけを見ています。愛の行いを通じて奉仕すること、聖霊からインスピレーションを得て、行動すること——これこそが未来のあるべき姿であり、神の御旨《みむね》なのです。

あなたは手足の不自由な人たち、病気の人たち、瀕死の人たちの中にいるキリストに仕えるためにやってきました。

わたしたちは活動の中で、神の愛を目にする機会を与えられたことを幸せに思い、感謝します。

わたしたちを通じて働いているのはキリストだということを忘れないでください——わたしたちは奉仕のための道具にすぎないのです。

大切なのは、どれだけたくさんのことをするかではなく、どれだけ愛をこめてするかです。

（「マザーハウス」に貼ってある、ボランティアを迎えるポスターの

言葉より）

次に、わたしのお気に入りの祈りを紹介します。わたしのところへやってきた人たちが、人々に奉仕するとき、彼らを導き、助けとなるよう、わたしはこの祈りを捧げています。


主よ、わたしがどこへ行っても、あなたの香気《こうき》を広めることができるよう、力をお貸しください。

わたしの魂をあなたの聖霊と命で満ちあふれさせてください。

わたしの人生すべてがひとえに、あなたの放つ光でありますよう、
わたしの全身全霊にしみ入り、完全にあなたのものにしてください。

わたしが触れるすべての魂が、わたしの魂に宿るあなたの存在を感じることができますよう、

わたしを通じて光り輝き、わたしの中にいてください。
人々が見上げ、わたしではなく、おお主よ、あなただけを見るようになりますように！
わたしとともにいてください、
そうすれば、わたしもあなたのように、人々を照らす光となり、輝き始めるでしょう。
その光は、おお、主よ、すべてあなたから来るもの、
何ひとつとしてわたしのものではありません。
わたしを通して、人々を照らしているのは、あなたなのです。
わたしの周りにいる者すべてを照らすという、あなたがもっとも愛するやり方で、
あなたを讃えさせてください。
言葉で説き聞かせるのではなく、わたし自身の生き方で示すことで、
あなたのことを伝えさせてください。

わたしの行いが人を引きつけ、共感を呼ぶことで、
そして、わたしの心があなたへの愛で、あきらかに満ちることで。
（ジョン・ヘンリー・ニューマン枢機卿の祈り）

主よ、わたしたちを、貧しさと飢えの中に生き、死んでいく、世界中の人々に奉仕するのにふさわしい者にしてください。

わたしたちの手を通して、彼らに今日、日々の糧《かて》をお与えください。

そしてわたしたちが愛を理解することで、平和と喜びをお与えください。

（ローマ教皇パウロ六世の祈り）


しかし、もう一度言いますが、人々に愛を与えるために、インドに来る必要はありません――あなたが住んでいるところの通りも、あなたの

「死を待つ人の家」になりえるのですから。あなたは自分の国で、貧しい人たちを助けることができるのです。

第5章

奉仕の実りは平和

愛の仕事は平和の仕事です。人と愛を分かち合うたびに、その人にも自分にも、平和がおとずれていることに気づくでしょう。平和があるところには、神がいる――神は平和と喜びをわたしたちの心に注ぎ込むことで、わたしたちの命に触れ、わたしたちに愛を示されるのです。

死から生へ、
偽りから真実へ、お導きください
絶望から希望へ、
恐れから信頼へ、お導きください
憎しみから愛へ
戦争から平和へ、お導きください
わたしたちの心を平和で満たしてください
わたしたちの世界を、わたしたちの宇宙を
平和に、平和に、平和に

わたしたちには幸せになり、平和に生きる権利があります。わたしたちはそのように造られた――幸せになるべく生まれてきたのです。神を愛していなければ、わたしたちは真の幸せと平和を見つけることができません。神を愛することに喜びがあり、大きな幸せがあるからです。

多くの人々は、お金があれば幸せになれると思っています。しかしわたしは、お金持ちが幸せになることは、かえって難しいと思います。他に考えることが多すぎて、神を見ることができなくなるからです。しかし、もし神から富を授かったのなら、それを神の御心《みこころ》に適《かな》うように使うことです――人助けに使ったり、貧しい人々を援助したり、仕事を作り、人に仕事を与えるのです。浪費をしてはいけません。食べ物や家があり、尊厳、自由、健康、教育に恵まれているということも、すべて神の賜物《たまもの》です。だからこそ、このようなものに恵まれていない人たちを、わたしたちは助けなければいけないのです。

あなたに与えられるものも、あなたから奪われるものも、すべては神のものなのです。だから、自分自身も含め、自分に与えられたものは、他の人たちと分かち合いましょう。

今、この瞬間、幸せである――それで十分です。わたしたちに必要なのは、この一瞬、一瞬であり、それ以上はいらないのです。今、あなたが幸せで、あなたより恵まれていない人々を含め、他の人たちを愛しているということを行動によって示すなら、あなたはその人たちのことも幸せにすることができるでしょう。大それたことをする必要はありません――ただ、微笑みかけるだけでいいのです。だれもが、もう少し微笑むようになれば、世界はもっとすばらしいところになるでしょう。だから、明るく、笑ってください。神があなたのことを愛していることを喜びましょう。

最後に、平和のメッセージはたったひとつです――神があなたたちひとりひとりを愛するように、おたがいに愛し合うこと。イエスは、神がわたしたちを愛していて、わたしたちがおたがいに愛し合うことを望んでいるという福音を伝えるために来られました。わたしたちに死がおとずれ、神のもとへ帰るときがきたら、きっと神がこんなふうに仰せになるのが聞こえるでしょう。

「さあ、お前たちのために用意されている国を受け継ぎなさい。お前たちは、わたしが飢えていたときに食べさせ、裸のときに着せ、病気のときに見舞ってくれたからだ。わたしの兄弟であるこのもっとも小さい者のひとりにしたのは、わたしにしてくれたことなのである」（訳者注：マタイによる福音書二十五章三十四節から三十六節、および四十節を踏まえている。訳は『聖書 新共同訳――旧約聖書続編つき』（日本聖書協会）を参考にした。）

写真協力：gettyimages®

写真クレジット：

カバー　©Rolls Press/Popperfoto/Getty Images

口絵
① ©TG Stock/Tim Graham/Getty Images
② ©TG Stock/Tim Graham/Getty Images
③ ©Pablo Bartholomew/Liaison/Getty Images
④ ©Pablo Bartholomew/Liaison/Getty Images
⑤ ©Anwar Hussein/WireImage/Getty Images
⑥ ©TG Stock/Tim Graham/Getty Images
⑦ ©Francois Lochon/Time & Life Pictures/Getty Images
⑧ ©Soumitra Ghosh/The India Today Group/Getty Images

本文
7p ©TG Stock/Tim Graham/Getty Images
8p ©Sal Dimarco Jr./Time & Life Pictures/Getty Images
16p ©Shailesh Raval The India Today Group/Getty Images
58p ©Bentley Archive/Popperfoto/Getty Images
65p ©Pablo Bartholomew/Getty Images
70p ©Mark Edwards/Keystone Features/Getty Images

訳者あとがき

本書は一九九五年に出版された“A Simple Path”（シンプルな道）（日本語版は『マザー・テレサ語る』早川書房一九九七年刊行）のいわばダイジェスト版で、原書のタイトルは“The Book of Peace”（平和の本）です。

もっとも特徴的なことは、五つの章が、ひとつの五行の詩にもとづいて立てられていることでしょう。

沈黙の実りは祈り
祈りの実りは信仰
信仰の実りは愛
愛の実りは奉仕
奉仕の実りは平和

マザー・テレサは、彼女の生き方と精神をもっともシンプルに表わすこの詩をこよなく愛し、カードに印刷したものを名刺がわりに人に渡していました。沈黙が祈りを可能にし、祈りにより信仰が深まり、信仰から愛が生まれ、愛が実行されると奉仕となり、奉仕により平和がおとずれる。そして、平和はふたたび心に静寂と沈黙をもたらす……。マザー・テレサにとって、沈黙、祈り、信仰、愛、奉仕、平和は個別の問題ではなく、それぞれが密接に関係していて、どれも欠かせないものであることがわかります。そしてこの過程を日々繰り返すことが、平和への道、マザー・テレサの言葉で言えば「神へ近づく」シンプルな道を歩むことになるのでしょう。

この本は小さな本ですが、マザー・テレサの精髄とも言える言葉にあふれています。いつもかたわらに置いていただき、疲れたとき、行きづまったとき、あるいは就寝前などに、どこからでも、何度でも読んでいただければ幸いです。

なお、原作者の了承を得て、内容的に重複している箇所を一部、削除したことをお断りしておきます。

日本語版の刊行にあたりましては、上智大学カトリックセンターに協力していただきました。本書のために序文を寄せていただいたシリル・ヴェリヤト先生に心より感謝いたします。そしてこのようなすばらしい本を翻訳する機会を与えてくださり、編集を担当していただいた株式会社メトロポリタン・プレス代表取締役、林定昭氏に深く感謝いたします。

二〇〇九年十二月

清水紀子

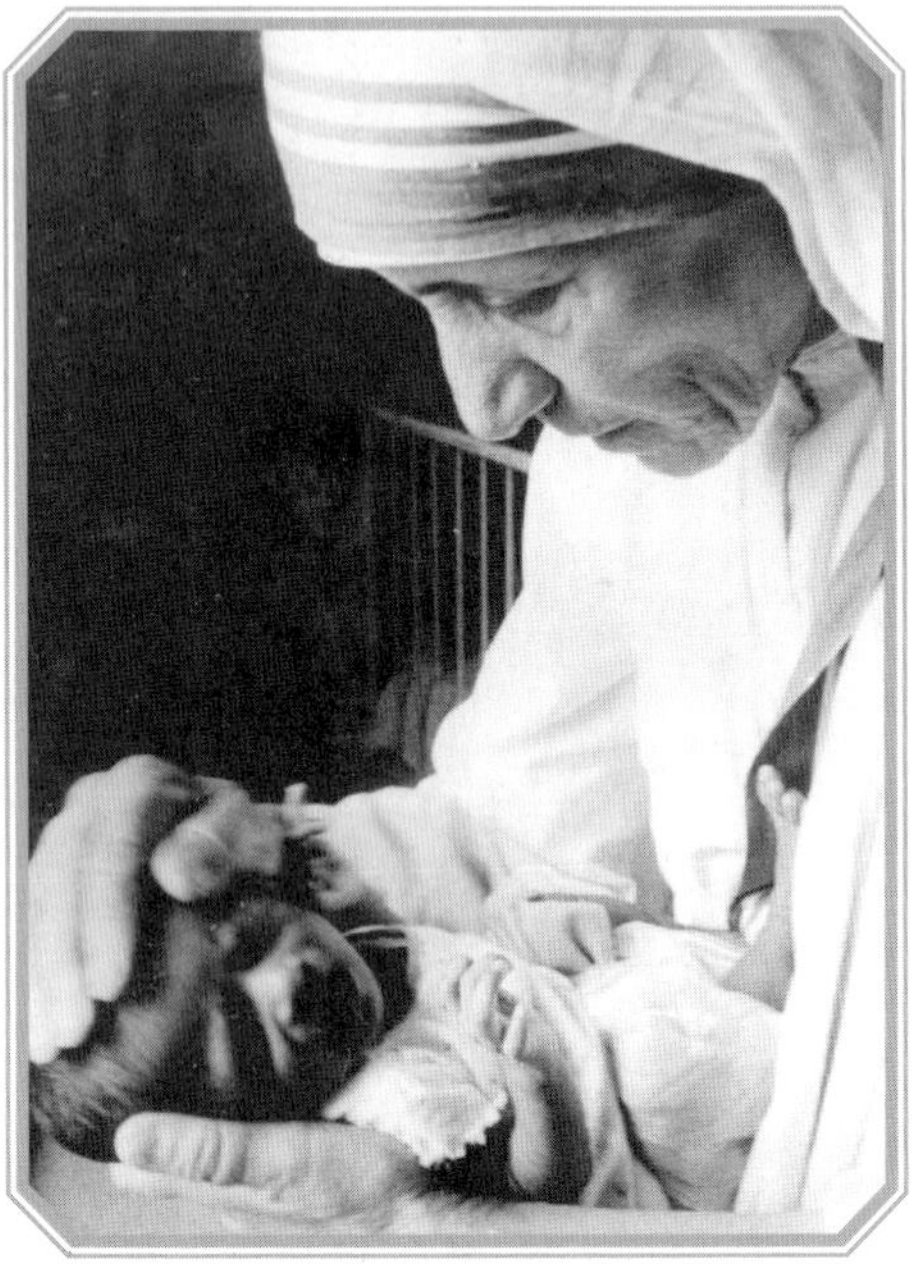

THE BOOK OF PEACE by MOTHER TERESA
Excerpted from A Simple Path Compiled by Lucinda Vardey,
published in 1995 by Rider Books

First published in Great Britain in 2002 by Rider,
An imprint of Ebury Press, A Random House Group Company.
Japanese translation rights arranged with Rider Books, one of the publishers in
The Random House Group Limited London through Tuttle-Mori Agency, Inc., Tokyo

マザー・テレサ 愛のことば、祈りのことば

2010年3月2日　第1刷発行
2012年11月27日　第2刷発行

著　者／マザー・テレサ
編　者／ルシンダ・ヴァーディ
訳　者／清水紀子
発行者／深澤徹也
発行所／メトロポリタン・プレス
〒173-0004
東京都板橋区板橋3-2-1
〈編集〉03-5943-6430
〈営業〉03-5943-6431
http://www.metpress.co.jp
印刷所／株式会社ティーケー出版印刷

ISBN978-4-904759-05-9　C0098　Printed in Japan